Elisa Schum

Kontinuität und Wandel

Elisa Schum

Kontinuität und Wandel

Die apostolische Konstitution 'Universi dominici gregis' vor dem Hintergrund der Geschichte der Papstwahl

Fromm Verlag

Imprint

Cover image: www.ingimage.com

Publisher:
Fromm Verlag
is a trademark of
International Book Market Service Ltd., member of OmniScriptum Publishing Group
17 Meldrum Street, Beau Bassin 71504, Mauritius
Printed at: see last page
ISBN: 978-613-8-36609-6

Kontinuität und Wandel

DIE APOSTOLISCHE KONSTITUTION 'UNIVERSI DOMINICI GREGIS'
VOR DEM HINTERGRUND DER GESCHICHTE DER PAPSTWAHL

Hausarbeit im Rahmen des Seminars
„Geschichte der Papstwahl: Normen, Diskurse, Praktiken"
Seminarleitung: Mag.theol. Stefan Schöch / Kevin Hecken, M.A.,
Prof. Dr. Günther Wassilowsky

Inhaltsverzeichnis

1. Einleitung

Überall auf der Welt verfolgen Millionen von Menschen, ob katholisch oder nicht, die Wahl des Papstes. Immer wieder aufs Neue ist es ein bedeutendes und einzigartiges Ereignis, wenn ein Papst stirbt, dieser beigesetzt wird und danach die Kardinäle in die Sixtinische Kapelle ziehen, um das Konklave zu beginnen und ein neues Oberhaupt der römisch-katholischen Kirche zu wählen.

Die Menschen warten gespannt, ob direkt auf dem Petersplatz oder vor den Bildschirmen, den Blick stets auf das kleine Kupferrohr auf dem Dach der Sixtinischen Kapelle, den Schornstein, gerichtet. Die Wahl des Papstes bleibt für die Öffentlichkeit im Verborgenen, lediglich der kleine Schornstein und der aufsteigende Rauch lassen die Gläubigen und alle Neugierigen an der Wahl teilhaben. Steigt schwarzer Rauch auf, so bedeutet dieser, dass ein Wahlgang ohne Ergebnis war. Wenn hingegen der ersehnte weiße Rauch aufsteigt, bedeutet dies *„Habemus Papam"* (Wir haben einen Papst), er kündet die erfolgreiche Wahl eines neuen Papstes an.[1]

Was von außen nur eine simple Beobachtung des aufsteigenden Rauches zeigt, ist im Inneren ein großer Komplex von befolgten Normen und Ordnungen.

Die Papstwähler, die Kardinäle, müssen ihr neues Oberhaupt in einer „wirklich geheime[n] Wahl"[2] wählen. Sie müssen sich an eine Ordnung und verschiedene Regeln halten. Diese Papstwahlordnung war nicht von Anfang an, in ihrer heutigen Komplexität und Voll-ständigkeit, gegeben. Der Nachfolger Petri wird mittels einer Ordnung gewählt, die sich über die Jahrhunderte durch verschiedene Normen, Dekrete und Reformen entwickelt hat. Im Laufe der Geschichte erließen unterschiedliche Päpste diese Dekrete und Normen, um ihre eigene Wahl zu legitimieren und um eine Wahlordnung für ihre Nachfolger

[1] Vgl. *Wolf, Hubert*, Konklave, S. 9f.
[2] *Wolf, Hubert*, Konklave, S. 10.

festzulegen. Dadurch haben wir heute eine funktionierende und legitime Papstwahlordnung.

In dem Seminar der *Geschichte der Papstwahlen* beschäftigten wir uns mit den eben angedeuteten Entwicklungen der Papstwahl, wie zum Beispiel mit den verschiedenen Dekreten oder mit Einführungsriten, durch welche die Papstwahlordnung entstehen und sich entfalten konnte. So entstand bei mir ein großes Interesse daran, wie das Oberhaupt der katholischen Kirche gewählt wird, welche Ordnungen und Regeln zu befolgen sind und wie diese sich entwickelten. Im Hinblick darauf entstand mein Interesse daran, was die aktuelle Ordnung zur Papstwahl darstellt und welche Neuerungen es in den letzten Jahren der Geschichte gab. In diesem Zusammenhang bin ich auf die Konstitution *Universi Dominici gregis* von Johannes Paul II. aufmerksam geworden, in welcher er Bestätigungen und Neuerungen für die Wahl seiner Nachfolger festschrieb.
Mein Interesse war geweckt und ich überlegte mir für das Thema meiner Hausarbeit die Entwicklung der Papstwahlordnung in den ersten beiden Jahrtausenden in den Blick zu nehmen, um eine historische Einordnung und Entwicklung aufzuzeigen, und um schließlich zur gegenwärtig geltenden Papstwahlordnung zu kommen, die sich in der Apostolischen Konstitution *„Universi Dominici gregis"* findet, die von Papst Johannes Paul II. am 22. Februar 1996 erlassen wurde.[3]
Die Wahl des Papstes ist durch die Jahrhunderte stetig entwickelt und erneuert worden. Es gibt alte und neue Regeln und Reformen. Es ist ein Thema von großer Aktualität.

---

[3] *Johannes Paul II.,* Constitutio Apostolica „Universi Dominici gregis" de Sede Apostolica Vacante deque Romani Pontificis electione, in: Sede Apostolica Vacante. Eventi e celebrazioni, Aprile 2005, hg. vom Ufficio delle Celebrazioni liturgiche del Sommo Pontefice, Vatikanstadt 2007, S. 518–573; auch in: Acta Apostolicae Sedis 88 (1996), S. 305–343. Eine deutsche Übersetzung unter http://w2.vatican.va/content/ john-paul-ii/de/apost_constitutions/documents/hf_jp-ii_apc_22021996_universi-dominici-gregis.html (letzter Zugriff 25.02.2019).

2. Die Grundlegungen der Papstwahl im mittelalterlichen Kirchenrecht (11.-13. Jh.)

Die Besetzung des Stuhles Petri und des Oberhauptes der universalen katholischen Kirche bedarf eines Komplexes an Regeln, einen festgeschriebenen Ablauf und ein genau definiertes Verhalten seitens der Wähler. Diese Regeln und Normen, nach denen die Wahl vollzogen werden muss, bestanden nicht von Anbeginn, sondern sind über die Jahrhunderte zusammen-gewachsen. Sie wurden in Dekreten festgeschrieben, als Antwort auf zwiespältige und bedrohliche Situationen in der Kirche. Die Papstwahl war durch die Jahrhunderte vielen Entwicklungen, Änderungen und Ausdifferenzierungen unterlegen. Die heute existierende und festgeschriebene Wahlordnung ist somit ein „Werk historischer Vernunft“[4].

2.1. Das Papstwahldekret von 1059 von Nikolaus II.

In den ersten Jahrhunderten zeigte die Tradition, dass der Bischof von Rom und Papst zunächst von Klerus und dem Volk der Stadt Rom gewählt wurde, so wie es für die Bischofs-bestellung im Mittelalter üblich war.[5] Der Papst sollte in Einstimmigkeit des Klerus gewählt werden, später mit einer Stimmmehrheit, das Volk wurde in seinem Mitbestimmungsrecht schnell ausgeschlossen.[6]

Im 11. Jahrhundert befand sich das Papsttum in einer Krise, geprägt durch Schismen und Doppelwahlen, dem wollte man entgegenwirken. Zur Regelung

---

[4] *Fuhrmann, Horst*, Von Petrus zu Johannes Paul II., S. 56.

[5] Vgl. *Breitsching, Konrad*, Die Papstwahl, S. 381ff. Weitere Informationen zur Bischofsbestellung im Mittelalter finden sich in *Landersdorfer, Anton*, Die Bestellung der Bischöfe in der Geschichte der katholischen Kirche, in: Münchener Theologische Zeitschrift 41 (1990), S. 271–290.

[6] Vgl. *Breitsching, Konrad*, Die Papstwahl, S. 381ff.

schrieb Papst Nikolaus II. 1059 in seinem Dekret *In nomine Domini*[7] Normen für die Wahl des Papstes fest.[8] Seine Intention war vor allem eine Eigennützige, er wollte durch die Festschreibung gewisser Normen seine Wahl im Nachhinein legitimieren.

Dem Dekret zu folge, hatten die Kardinalsbischöfe das vorbehaltslose Recht ihr Kirchenober-haupt zu wählen und das Volk hatte nur eine zustimmende Rolle.[9] Somit schränkte Nikolaus II. das Wählerkollegium ein. Die Kardinäle gingen aus dem römischen Klerus und Nachbar-bischöfen hervor. Durch die Festlegung der Wähler stiegen die Kardinäle auf und das Kardinalat etablierte sich.

Es wurde eine aktive Mitwirkung des Kaisers und der staatlichen Gewalt ausgeschlossen.[10] Weiter regelte das Dekret, dass die Wahl des Papstes in Rom stattzufinden habe. Als entscheidende Regelung wurde festgeschrieben, dass der Gewählte mit Annahme seiner Wahl sofort Papst war und damit über die gesamte Vollmacht des Amtes verfügte.

Der Schwerpunkt der Papsterhebung verschob sich immer mehr auf die Wahl und auch ohne eine Inthronisation erhielt der Gewählte vollständige Autorität. Dadurch wurde die Papstwahl formalisiert und verfahrensmäßig geregelt und setzte sich von den Traditionen einer Bischofswahl ab.[11]

Mit dem Dekret von 1059 wollte man für eine Stabilität der Wahlen sorgen, jedoch war eine Umsetzung schwierig, denn im 11. und 12. Jahrhundert kam es immer wieder zu Doppel-wahlen. Dennoch konnte sich, trotz vieler

---

[7] Das Dekret ist abgedruckt bei *Jasper, Detlev*, Das Papstwahldekret von 1059. Überlieferung und Textgestalt (= Beiträge zur Geschichte und Quellenkunde des Mittelalters Bd. 12), Sigmaringen 1986, S. 98–119. Eine deutsche Übersetzung findet sich bei *Obermann, Heiko A./Ritter, Adolf Martin/Krumweide, Hans-Walter* (Hg.), Kirchen- und Theologiegeschichte in Quellen, Bd. 2. Mittelalter. Ausgewählt und kommentiert von *Mokrosch, Reinhold* und *Walz, Herbert*, Neukirchen-Vluyn [3]1989, S. 59f.

[8] Vgl. *Melloni, Alberto*, Das Konklave, S. 35.

[9] Weitere Informationen zur Entstehung des Wählerkollegiums und der herrschenden Stellung der Kardinalbischöfe in: *Schludi, Ulrich*, Die Entstehung des Kardinalkollegiums. Funktion, Selbstverständnis, Entwicklungsstufen (= Mittelalter-Forschungen 45), Ostfildern 2014, S. 142.

[10] Vgl. hier und im Folgenden *Wolf, Hubert*, Konklave, S. 39.

[11] Vgl. *Wolf, Hubert*, Konklave, S. 40.

Uneinigkeiten der Kardinäle, ihr ausschließliches Wahlrecht durchsetzen und sie wurden zu dem einzig legitimen Wahlorgan.[12]

2.2. Das 3. Laterankonzil und seine Papstwahlordnung 1179

Nach den Regelungen von 1059 kam es unter Papst Alexander III. während dem Dritten Laterankonzil zu neuen und erweiterten Grundlegungen für die Papstwahl. Das Dekret von 1179 *Licet de vitanda*[13] schrieb nochmals die Kardinäle als alleiniges Wahlorgan fest und verlangte ein absolutes Mehrheitsprinzip, eine Zwei-Drittel Mehrheit für den Gewählten.[14]

Das Konzil wurde von Alexander III. „als Garant des Verfahrens für die Papstwahl und als Beschützer der Vorrechte der Kardinäle“[15] eingeführt. Durch dieses Konzil und die Festlegungen standen die Wähler des Papstes unter einem besonderen Schutz.

Im Laufe der Zeit bekam das Kardinalat immer mehr universale Bedeutung, unter anderem, weil die Wahl eines Papstes und der Papst, für die gesamte Welt von Bedeutung war. Es kam, dass nichtrömische Kardinäle in das Wahlkollegium aufgenommen wurden. Der Bezug auf die Stadt Rom und die Universalität prägte das Kollegium im Laufe der Jahrhunderte in seiner Zusammensetzung und seinem Tun. Gerade die Aufnahme von nichtrömischen Kardinälen in das Kollegium war ein langer Reifungsprozess.[16]

---

[12] Vgl. ebd.

[13] Abgedruckt in *Ebers, Godehard Josef,* Der Papst und die Römische Kurie, S. 66f., mit deutscher Übersetzung bei *Wohlmuth, Josef,* (Hg.), Dekrete der ökumenischen Konzilien, Bd. 2, S. 211.

[14] Vgl. *Mückl, Stefan*, Eligo in Summum Pontificem, S. 401.

[15] *Melloni, Alberto*, Das Konklave, S. 41.

[16] Vgl. ebd., S. 41f.

Nicht beantwortet blieben in dem Dekret zwei Fragen, zum einen, wie viele Kardinäle für eine gültige Wahl anwesend sein mussten und zum anderen, auf welche Art die Wähler den Papst wählen sollten.[17] Untersuchungen der Papstwahlen ergaben, dass die Wahlen auf zwei Wahlarten begründet wurden.[18]

2.3. „Ubi periculum" 1274

Für die Kirche und Rom problematisch waren die langen Vakanzen, da eine Wahl von Tagen bis hin zu Jahren dauern konnte. Diesem Problem wollte man entgegenwirken und Papst Gregor X. setzte mit seinem Dekret *Ubi periculum*[19] 1274 fest, dass die Wahl nach dem Tod eines Papstes nach spätestens 10 Tagen beginnen sollte, sodass abwesende Kardinäle genügend Anreisezeit hatten, aber die Wahl nicht zu lange hinausgezögert wurde.[20] Außerdem regelte er, dass die Wahl in einem Konklave, also einem abgeschlossenen Raum, stattzufinden habe. Weder sollten die Kardinäle Kontakt nach außen haben, noch sollten Außenstehende Kontaktmöglichkeiten zu den Kardinälen haben. Die Kardinäle sollten sich ausschließlich auf die Wahl eines würdigen Nachfolgers

---

[17] Vgl. *Wolf, Hubert*, Konklave, S. 95; Diese Fragen nach dem Umfang des Wählerkollegiums und den Wahlformen wurden erst später festgelegt, vgl. bspw. Konklavereform Gregor XV.

[18] Vgl. *Wolf, Hubert*, Konklave, S. 95f. Untersuchungen von *Peter Herde* ergaben, dass zwei Wahlarten bevorzugt wurden, zum einen die Wahl durch eine Abstimmung aller Wahlberechtigten und zum anderen die Wahl durch Kompromiss, wobei das Wahlrecht auf einige wenige Kardinäle übertragen wurde. Bei der Kompromisswahl hoffte man auf eine schnellere Einigung. Vor allem setzte sich aber die Abstimmungswahl durch. Der lateinische Begriff *scrutinium,* der *Durchsuchung*, meint ein Wahlverfahren, bei dem die Stimmen aller Wähler gesammelt und ausgezählt wurden. Die Kardinäle gaben ihre Stimmen einzeln und mündlich bei einem Wahlgremium ab, welches eine Stimmliste führte und somit die Stimmen festhielt. Vgl. *Herde, Peter,* Die Entwicklung der Papstwahl im dreizehnten Jahrhundert. Praxis und kanonistische Grundlagen, in: Österreichisches Archiv für Kirchenrecht 32 (1981), S. 11–41.

[19] Die Konklaveordnung wurde von Papst *Bonifaz VIII.* bestätigt und in seine Dekretalensammlung aufgenommen: VI. 1,6,3. Die Dekretale findet sich bei *Ebers, Godehard Josef,* Der Papst und die Römische Kurie, S. 67–70, mit deutscher Übersetzung bei *Wohlmuth, Josef*, Dekrete der ökumenischen Konzilien, Bd. 2, S. 314–318.

[20] Vgl. hier und im Folgenden *Breitsching, Konrad*, Die Papstwahl, S. 389.

konzentrieren und nicht von äußeren Einflüssen abgelenkt werden. Man wollte damit eine Beschleunigung des Wahlvorganges und der Einigung erreichen.[21]

[21] Vgl. *Schwendenwein, Hugo*, Der Papst, S. 342. Weitere Erläuterungen zur Entstehung und Umsetzung des Konklaves sind in: *Melloni, Alberto,* Das Konklave. S. 44-46.

3. Entwicklungen der Papstwahl (14.-20. Jh.)

Die drei Papstwahldekrete von 1059, 1179 und 1274 haben wichtige Regelungen gebracht und weitgehend Schismen durch Doppelwahlen verhindern können. Mit ihnen stand die grundlegende Struktur des bis heute geltenden Papstwahlrechts fest. Dennoch ging aus diesen drei Dekreten keine Regelung für eine geheime Wahl hervor, nach außen hin war die Wahl durch das Konklave abgesichert, aber intern wurde öffentlich abgestimmt. Papstwahlen waren dadurch vor allem „Ergebnis machtpolitischer Verhandlungen" und Strategien.[22]

3.1. Die Konklavereform nach Gregor XV. (1621/22)

Papst Gregor XV. brachte durch sein Schreiben *Aeterni Patris Filius*[23] ausdifferenzierte und bedeutende Neuregelungen in Bezug auf die Wahlformen. „Zentrum des gregorianischen Reformwerkes ist die Ablösung der konklaveöffentlichen, rituellen Adorationswahl durch ein geheimes, schriftliches Skrutinalverfahren."[24] Die Abschaffung dieser Wahlform war von zentraler Bedeutung und Gregor XV. legte drei Wahlformen für eine gültige und rechtmäßige Wahlhandlung fest: als erstes die geheime Wahl durch das Skrutinium mithilfe von Stimm-zetteln, inklusive der Möglichkeit zum Akzess, weiter die Kompromisswahl, nur in Einstimmigkeit aller Wähler zu verwenden oder die Inspirationswahl, durch den heiligen Geist.[25]

---

[22] Vgl. *Wolf, Hubert*, Konklave, S. 98.

[23] Abgedruckt in *Ebers, Godehard Josef,* Der Papst und die Römische Kurie, S. 95–104.

[24] *Wassilowsky, Günther*, Konklavereform, S. 253.

[25] Vgl. *Breitsching, Konrad*, Die Papstwahl, S. 392.

Die Abstimmung, *„per scrutinium"*[26], musste nun, mit Stimmzetteln, geheim und schriftlich ablaufen, was eine bedeutende Neuerung für die Papstwahl und dessen Form brachte. Die Wahrung des Wahlgeheimnisses war das oberste Ziel der Konklavereform.[27] Hierfür gab es festgelegte und vorgefertigte Stimmzettel, welche genauestens auszufüllen und zu falten waren. Damit sollte neben der Geheimhaltung auch sichergestellt werden, dass ein Kandidat sich nicht, verbotenerweise, selbst gewählt hatte. Papst Gregor XV. machte durch die ausdifferenzierte Erläuterung und Anfertigung der Stimmzettel deutlich, dass die Skrutinal-wahl zu bevorzugen sei.[28] Die Möglichkeit des Akzesses, also mit seiner Stimme einem anderen Kandidaten beizutreten, wurde mittels der Stimmzettel der Skrutinalwahl berücksichtig und miteingefasst. Die anderen Wahlformen rückten in den Hintergrund.

Außerdem bekräftigte Gregor XV. in seiner Reform die räumliche und zeitliche Abgrenzung der Wahl durch das Konklave als unbedingt notwendig für eine legitime Durchführung.

Der Ort der Wahl wurde in die Sixtinische Kapelle, unter das Jüngste Gericht von Michelangelo, gelegt, womit eine neue Ortstradition entstand.[29] Jedem Kardinal sollten so die Folgen einer falschen Gewissensentscheidung gezeigt werden. Die Wahl hatte nach Gottes Willen und souveräner Gewissensentscheidung stattzufinden.

Somit stand im Zentrum der neuen Konklavereform die genauste technische und symbolische Gestaltung der Skrutinalwahl und die unbedingte Geheimhaltung der Wahl.[30]

---

[26] Vgl. *Mückl, Stefan*, Eligo in Summum Pontificem, S. 407.

[27] Vgl. *Wassilowsky, Günther*, Konklavereform, S. 243.

[28] Vgl. *Mückl, Stefan*, Eligo in Summum Pontificem, S. 407.

[29] Zuvor war der Wahlort die *Capella Paulina* vgl. *Wassilowsky, Günther*, Konklavereform, S. 254-272.

[30] Vgl. *Wassilowsky, Günther*, Konklavereform, S. 245. An dieser Stelle sei angemerkt, dass ein genauer und detaillierter Überblick über die Konklavereform von Gregor XV. in *Wassilowsky, Günther*, Die Konklavereform von Gregors XV. (1621/22). Wertekonflikte, symbolische Inszenierung und Verfahrenswandel im posttridentinischen Papsttum (Päpste und Papsttum Bd. 38), Stuttgart 2010 abgefasst ist.

3.2. Aktualisierungen des Papstwahlrechts im 20. Jahrhundert

Das Papstwahlrecht ist durch Dekrete und Reformen gewachsen und gereift. Im 20. Jahrhundert erfuhr es eine wichtige Anzahl an Neuerungen, Modifikationen und Änderungen durch die Päpste Pius X., Pius XII., Paul VI. und Johannes Paul II.[31] Mückl schreibt, dass es galt, trotz notwendiger Neuerungen „die Substanz des Überlieferten zu wahren, diese zugleich von durch die Zeitläufe gegenstandslos Gewordenem zu reinigen sowie an die aktuellen Erfordernisse anzupassen."[32] Vieles wurde bis in den Wortlaut von den Vorgängern übernommen, eine neue Festschreibung diente der Rechtssicherheit und die Häufung von Konstitutionen machte die große Bedeutung der Papstwahl deutlich.

Papst Pius X. schaffte die letzte Möglichkeit des Eingreifens durch die weltliche Macht ab – das *„ius exclusivae"* – wonach der weltliche Herrscher Kardinälen übermittelt hatte, welche Kandidaten ihm nicht genehm und somit auszuschließen seien.[33]

In der Konstitution *Vacante Sede Apostolica*[34] hielt Papst Pius X. Neuerungen bezüglich der Sedisvakanz und der Wahl fest. Er schaffte den Stimmbeitritt des Akzesses ab und erhöhte die Anzahl der Wahlgänge von zwei auf vier pro Tag.[35] Die Wartefrist auf abwesende Kardinäle wurde von 10 Tagen auf 15 Tagen erhöht.

Papst Pius XII. fügte Änderungen bei der Stimmmehrheit an. Ein Kandidat war demzufolge als Papst gewählt, wenn er mindestens Zweidrittel der Stimmen und

---

[31] Vgl. *Mückl, Stefan*, Eligo in Summum Pontificem, S. 407.
[32] *Mückl, Stefan*, Eligo in Summum Pontificem, S. 407.
[33] Vgl. *Breitsching, Konrad*, Die Papstwahl, S. 393.
[34] Abgedruckt in *Ebers*, Der Papst und die Römische Kurie, S. 117–151.
[35] Vgl. *Mückl, Stefan*, Eligo in Summum Pontificem, S. 408.

eine weitere Stimme auf sich vereinen konnte, somit umging man das Problem der Selbstwahl.[36]

Papst Paul VI. bestätigte die 15 Tagefrist und räumte den Kardinälen das Recht ein diese im Bedarfsfall auf 20 Tage zu erhöhen.[37] Außerdem setzte er eine Altersgrenze für das aktive Wahlrecht ein. Die Kardinäle, die vor Beginn des Konklaves das 80. Lebensjahr vollendet hatten, verloren ihr Recht zur Teilnahme am Konklave. Und er erhöhte die Zahl der wahlberechtigten Kardinäle von 70 auf 120 Wähler. Wie seine Vorgänger behielt Paul VI. die drei Wahlformen bei. Für den Fall, dass sich die Kardinäle nicht bis zum 26. Wahlgang einigen konnten, legte er fest, dass der neue Papst mit absoluter Mehrheit plus eine Stimme gewählt werden könne, wenn alle Kardinäle diesem Modus zustimmten.[38]

---

[36] Vgl. *Breitsching, Konrad*, Die Papstwahl, S. 396.
[37] Vgl. hier und im Folgenden *Breitsching, Konrad*, Die Papstwahl, S. 395f.
[38] Vgl. ebd., S. 396f.

4. Die apostolische Konstitution „Universi Dominici gregis“ von Papst Johannes Paul II. und das geltende Papstwahlrecht

Bis hierhin wurde versucht ein Überblick über die historische Entwicklung der Papstwahl, ihrer wichtigen Dekrete, Regelungen und Veränderungen aufzuzeigen. Nun möchte ich im Folgenden den Blick auf die derzeit geltende Papstwahlordnung richten, mit ihren Bestätigungen und Neuerungen, die apostolische Konstitution *Universi Dominici gregis* (= UDG) von Papst Johannes Paul II.[39]

Eine apostolische Konstitution ist ein Erlass des Papstes über Regelungen des Kirchenrechts, in diesem Fall über Regelungen und Normen der Papstwahl. Die einführenden lateinischen Worte der Konstitution geben gleichzeitig den Titel wieder. In diesem Fall lautet der Titel: *„Universi Dominici gregis“* – Hirte der gesamten Herde des Herrn.[40]

Die Konstitution gliedert sich wesentlich in zwei Teile, die Bestimmungen zur Sedisvakanz und die zur Wahl. Bei meiner Betrachtung richte ich den Fokus auf den zweiten Teil *„Die Wahl des Papstes von Rom“*, in welchem es um die Rechte der Papstwahl geht. Papst Johannes Paul II. legte in diesem Teil unter anderem die Wähler des Papstes, den Wahlort, die Wahlhandlungen und -formen, die Geheimhaltung und den Ablauf der Wahl fest.

In seiner Konstitution legte er großen Wert auf die Bekräftigung der Regelungen seiner Vorgänger und machte damit deutlich, wie wichtig diese waren und sind. Zugleich zeigte er auf, dass diese Regelungen gewissen Neuerungen und Verbesserungen bedürfen, die die Gegenwart erfordert, damit die Papstwahl in rechter und geregelter Weise, mit höchster Genauigkeit der Normen, ablaufen kann.[41]

---

[39] *Johannes Paul II.,* Constitutio Apostolica „Universi Dominici gregis“, vgl. Fußnote 3.

[40] Vgl. Einleitung der Konstitution, *Johannes Paul II.,* „Universi Dominici gregis“.

[41] Vgl. *Mückl, Stefan*, Eligo in Summum Pontificem, S. 413.

Papst Johannes Paul II. wurde am 16. Oktober 1978 im Konklave von 111 Wählern im 8. Wahl-gang, mit 99 Stimmen, zum Papst gewählt und war der erste slawische Papst. Er verfasste im Laufe seines langen Pontifikats viele apostolische Schreiben, war ein großer Prediger, Reisender und damit Papst von großer Bedeutung. Am 22. Februar 1996 veröffentlichte er seine Konstitution für das geltende Papstwahlrecht. Johannes Paul II. brachte in sein Schreiben seine zweimalige Konklaveerfahrung ein und wollte die Wahl für seine Nachfolger neuen Regeln unterziehen, da sich die Welt, in der die Kirche lebt, beständig verändert und weiterentwickelt.[42] Dem Wandel der Zeit entsprechend ergänzte Papst Benedikt XVI. 2007 und 2013 die Konstitution durch zwei Modifikationen.[43] „Primäre Zielsetzung des Papstwahlrechts ist es, zum einen die Legitimität der Wahl, zum anderen die Freiheit der Wähler sicherzustellen."[44]

4.1. Welche Normen hat er übernommen?

Papst Johannes Paul II. übernahm, bekräftigte und spezifizierte in *Universi Dominici gregis* einige Regelungen und Normen seiner Vorgänger.

Vor allem ist hier das **Wahlrecht der Kardinäle** zu nennen, seit 1179 ist die Papstwahl das Vorrecht der Kardinäle, sie sind die Nachfolger des ehemaligen Klerus von Rom.[45] „Das Recht, den Römischen Papst zu wählen, steht einzig und allein den Kardinälen der Heiligen Römischen Kirche zu" (UDG, Nr. 33). Sie sind

---

[42] Vgl. *Melloni, Alberto*, Das Konklave, S. 129f.

[43] Vgl. *Mückl, Stefan*, Eligo in Summum Pontificem, S. 413; *Benedikt XVI.*, Motu proprio *De aliquibus mutationisbus in normis de electione Romani Pontificis* vom 11. Juni 2007, veröffentlicht im Osservatore Romano; sowie Motu proprio *Normas nonnullas* über einige Änderungen der Normen bezüglich der Wahl des Römischen Papstes vom 22. Februar 2013, in: Acta Apostolicae Sedis 105 (2013), S. 253–257.

[44] *Mückl, Stefan*, Eligo in Summum Pontificem, S. 413.

[45] Vgl. *Schwendenwein, Hugo*, Der Papst, S. 342.

wie der Papst „römisch und universal", dieser ist Bischof von Rom und gleichzeitig der „Hirte der universalen Kirche".[46] Die Kardinäle sind römisch, weil sie durch ihre Titelkirchen in Rom und Umgebung eine enge rechtliche und geistliche Verbindung zu der Stadt haben. Und sie sind universal, weil sie aus allen Teilen der Welt, in welchen Katholiken leben, kommen und diese repräsentieren.[47] Deshalb ist das Kardinalsgremium, als „weltkirchliches Wahlgremium"[48], nach Johannes Paul II. in der Lage den Papst und Hirten der universalen Kirche zu wählen.

Außerdem wurden an gleicher Stelle in der Konstitution die Festlegungen von Paul VI. zu Anzahl und Wahlalter der Kardinäle bestätigt (UDG, Nr. 33). Damit ist die Höchstzahl der wahlberechtigten Kardinäle auf 120 festgesetzt und wer zu Beginn der Sedisvakanz, bzw. vor dem Todestag des Papstes bereits das 80. Lebensjahr vollendet hat ist von der aktiven Teilnahme am Konklave ausgeschlossen.[49] Der Papst begründete die Altersgrenze damit, „er wolle ‚einem solch ehrwürdigem Alter nicht auch noch die zusätzliche Last aufbürden, die in der Verantwortung besteht, jemanden zu wählen, der die Herde Christi in einer Erfordernissen der Zeit gemäßen Weise führen muss'"[50], das Amt des Papstes erfordere eine hohe Sensibilität für den Wandel der Zeit und die Moderne.

Diese Begründung legte Johannes Paul II. zwar für seine Nachfolger fest, jedoch nicht für sich selbst, denn seine Amtszeit überschritt dieses Alter und vor allem seine schwere Krankheit und damit fortschreitende Unfähigkeit die katholische Kirche zu leiten. Jedoch nahm er die Bürde auf sich und trat trotz der Last seines Alters und seiner Krankheit nicht zurück.

---

[46] Vgl. *Melloni, Alberto*, Das Konklave, S. 133.
[47] Vgl. *Wolf, Hubert*, Konklave, S. 47.
[48] Ebd., S. 48.
[49] Vgl. *Schwendenwein, Hugo*, Der Papst, S. 342f.
[50] *Wolf, Hubert*, Konklave, S. 48.

Weiterhin regelt die Konstitution die Wartefrist auf abwesende Kardinäle. Nach Nr. 37 ist 15 Tage auf die abwesenden Kardinäle zu warten, unter Umständen auch bis zu 20 Tagen, danach soll die Wahl beginnen. Alle wahlberechtigten Kardinäle, die zur Wahl zusammengerufen werden, sind verpflichtet sich an den für die Wahl festgelegten Ort, zu begeben, nach *heiligem Gehorsam* (UDG, Nr. 38). Papst Benedikt gab mit seinem Schreiben *Normas nonnullas* die Möglichkeit, die Wartefrist von 15 Tagen zu verkürzen, insofern alle wahlberechtigten Kardinäle bereits eingetroffen sind.[51] Diese Änderung ist durch die heutigen Reise-möglichkeiten, die Vernetzung in die verschiedenen Teile der Welt, sehr angebracht.

Tagt zum Zeitpunkt des Todes des Papstes ein Konzil oder eine Bischofssynode, so spielt dies keine Rolle bei der Wahl und muss unverzüglich abgebrochen werden (UDG, Nr. 34) und allein das Kardinalskollegium tritt zur Wahl zusammen.

Im 2. Kapitel des zweiten Teils von *Universi Dominici gregis* ging Johannes Paul II. auf den **Wahlort** ein. Die Konstitution legt fest, dass die Wahl des Nachfolgers Petri immer und unbedingt im Vatikan und der Sixtinischen Kapelle durchzuführen ist, unter Ausschluss der Öffentlichkeit (UDG, Nr. 41). Die Abgeschiedenheit von der Öffentlichkeit bzw. den „Unbefugten", wie es Johannes Paul II. schrieb, soll den Kardinälen eine angemessene Unter-bringung und einen passenden Aufenthalt gewährleisten. Hierzu legte der Papst in den folgenden Artikeln weiter fest, dass die Papstwähler nicht mehr in einem großen Raum zusammengedrängt untergebracht werden, wo die hygienischen Verhältnisse unzureichend seien, und es kaum frische Luft zum Atmen gäbe. Sie sollen eine geeignete Unterkunft im Hotel *Domus Sanctae Marthae* beziehen. Die Kardinäle werden für die Wahlgänge zur Sixtinischen Kapelle gefahren. Diese

---

[51] Vgl. *Breitsching, Konrad,* Die Papstwahl, S. 395.

Regelung erforderte nach Johannes Paul II. eine Verschärfung der Geheimhaltung. Es muss garantiert werden, dass die Kardinäle während des Konklaves von niemandem erreicht werden, völlig abgeschottet sind und keinen Kontakt zu außenstehenden Personen haben (UDG, Nr. 41–45), so ist den Angestellten im Vatikan, untersagt mit einem der Kardinäle zu sprechen, sollten sie diesen während des Konklaves begegnen. Auch die Kardinäle selbst dürfen keinen Kontakt zu Außenstehenden halten.

Der Wahlort der Sixtinischen Kapelle hat seit der Konklavereform von Gregor XV. (1621/22) eine tiefe Bedeutung, woran Johannes Paul II. festhielt. Man wählte damals und bis heute die Sixtinische Kapelle als Ort, „‚wo alles dazu dient, das Bewußtsein für die Gegenwart Gottes zu nähern‘, und wo das Fresko Michelangelos die Wähler an das Gericht erinnert, das jeden erwartet.“[52] Für Johannes Paul II. war die Papstwahl eine Angelegenheit zwischen Gott und den Kardinälen, weshalb er die Regelung, dass die Kardinäle ihre Stimme unter dem jüngsten Gericht von Michelangelo abgeben müssen, bekräftigte.[53]

Es ist eine Wahl von *„heiligem Charakter“.*[54] Johannes Paul II. wollte mit seinen Regelungen aus der Wahl eine Liturgie machen, eine ununterbrochene Folge aus Gottesdiensten, begonnen bei den Totengebeten des verstorbenen Papstes und dessen Beisetzung über das eigentliche Konklave hin zur feierlichen Verkündigung des Wahlergebnisses auf der Benediktusloggia und der feierlichen Heiligen Messe zu Beginn des Amtes auf dem Petersplatz. Für diese drei feierlichen Akte wurde erstmals ein je eigenes liturgisches Buch mit den eigenen Ritualen verfasst.

Das Konklave ist der einzige Ort, an dem der *„Hirte der Herde des Herrn“*[55], der Stellvertreter Christi, in einem geistlichen Akt gewählt werden kann.

---

[52] *Melloni, Alberto*, Das Konklave, S. 133.

[53] Vgl. *Wolf, Hubert*, Konklave, S. 77.

[54] Vgl. hier und im Folgenden *Wolf, Hubert*, Konklave, S. 80f.

[55] Vgl. Einleitung der Konstitution, *Johannes Paul II.*, „Universi Dominici gregis“.

Die Regelung eines festen Wahlortes war für Johannes Paul II. unabdingbar, für einen Papst der Mobilität und unzählige Reisen, zum Kennzeichen seines Pontifikats machte.[56] Durch die Festsetzung des Wahlortes in Rom konnte er reisen, ohne dass er sich mit dem Gedanken auseinandersetzen musste, was passiert, wenn die Kardinäle, gemäß der alten Regelung am Sterbeort des Papstes, zum Konklave zusammenkommen müssten. Die Festlegung der Wahl im Vatikan bringt zum Ausdruck, dass Johannes Paul II. sein Wirken, Handeln und Predigen auf der ganzen Welt und seine Reisen nicht einschränken wollte und ebenfalls seinen Nachfolgern diese gleiche Möglichkeit geben wollte. Dieser Papst lebte die Universalität seines Hirten-amtes. Er war als Papst das Oberhaupt der universalen Kirche und nicht allein von Rom, sodass er es verstand sich auf der ganzen Welt zu zeigen und in die unterschiedlichsten Länder und zu den Menschen reiste, um dort der *„Hirte der Herde des Herrn"* zu sein.

[56] Vgl. hier und im Folgenden *Melloni, Alberto*, Das Konklave, S. 134.

4.2. Was sind Neuerungen in Bezug auf die Papstwahl?

Papst Johannes Paul II. erläuterte direkt zu Beginn seines Schreibens, dass Aufgrund des ständigen Wandels in Welt und Kirche die Wahl seiner Nachfolger neuer Reglungen bedarf, um den Erfordernissen der Zeit gerecht zu werden. Im Folgenden soll speziell auf die Neuerungen in der Geheimhaltung und im Wahlablauf eingegangen werden.

4.2.1. Die Geheimhaltung

Das Geheimnis des Konklaves und dessen Inszenierung rückte durch die Zeit mehr in den Vordergrund.[57] In der heutigen Zeit, wo es genügend Mittel gibt, um alles genau und sofort an die Öffentlichkeit zu bringen, ist die Wahl des Papstes, das Konklave, ein Akt und Raum zu dem niemand einen Zugang hat. Die Zeremonien und Verfahren zur Ermittlung eines neuen Papstes schließen die Öffentlichkeit aus und es findet keinerlei Kommunikation nach außen statt.
Günther Wassilowsky zu folge soll mit der Geheimhaltung zuerst „jede direkte Einflussnahme“ von außen ausgeschlossen und so die „Verfahrensautonomie im handgreiflichsten Sinne des Wortes“[58] sichergestellt werden. Außerdem verdeckt das Konklave jegliche Unstimmigkeiten und Uneinigkeiten unter dem Wahlkollegium. Neben diesen Dimensionen hebt er besonders hervor, dass die Geheimhaltung auch eine religiöse und geistliche Dimension hat. „Das Geheime ist das Zeichen der Anwesenheit Gottes in der Welt.“[59] Es sind die Merkmale des Verborgenen, des Mehrdeutigen und des Nichtwissens, welche auf die

[57] Vgl. *Wolf, Hubert*, Konklave, S. 82.
[58] *Wassilowsky, Günther*, Konklavereform, S. 4f.
[59] Ebd.

Transzendenz hinweisen und damit auf Gott. Nach außen soll die komplette Abgeschiedenheit des Konklaves und das Abgeschottetsein der Papstwähler zeigen, dass Gottes Vorsehung im geheimen Inneren anwesend und bei der Wahl des neuen Oberhirten am Werk ist.[60]

Papst Johannes Paul II. legte, aufgrund der großen Bedeutung der Geheimhaltung der Wahlvorgänge, in seiner Konstitution einige Regelungen fest. So gibt es Personen, ausgewählte Kardinäle, die eine absolute Geheimhaltung in den Räumen des Konklaves, vor allem in der Sixtinischen Kapelle, sichern sollen (UDG, Nr.55). Während des gesamten Konklaves ist es den Kardinälen untersagt mit außenstehenden Personen, ob schriftlich oder mündlich zu kommunizieren oder Nachrichten nach außen zu senden oder von außen zu erhalten (UDG, Nr.56f.). Vor allem ist es den Kardinälen nicht erlaubt anderen Personen, außerhalb des Konklaves Auskünfte über die Abstimmungen der Wahl zu geben. Auch nach der erfolgten Wahl muss eine absolute Geheimhaltung, über den Wahlvorgang und alles das Konklave Betreffende, gewährleistet sein (UDG, Nr.59f.). Diese Vorschriften sollen dem Schutz der Kardinäle dienen.

Zu Beginn der Wahlhandlungen bestätigen die Kardinäle unter Ablegungen eines Eides, dass sie sich an die strikten Regelungen zur Geheimhaltung halten (UDG, Nr.53).

Außerdem schrieb Johannes Paul II. zur Geheimhaltung vor, dass nach jedem Wahlgang, gemeinsam mit den Stimmzetteln, jede Art von Notizen der Kardinäle zu verbrennen sind.[61]

Er regelte in Nr. 71 neu, dass es eine einzige Mitschrift geben soll, die den Verlauf und Ausgang der Wahl dokumentiert. Ein ausgewählter Kardinal, der *Kardinal-*

---

[60] Vgl. ebd.

[61] Vgl. *Wolf, Hubert*, Konklave, S. 157f.

Carmelengo[62], soll am Ende der Wahl einen Bericht anfertigen, worin das Abstimmungsergebnis jedes Wahlgangs festgehalten wird. Dieser Bericht wird dem neuen Papst übergeben und dann in einem verschlossenen und versiegelten Umschlag im Archiv aufbewahrt.

4.2.2. Der Ablauf der Wahl

Johannes Paul II. schaffte, als bedeutende Erneuerung, für die Legitimation der Wahl, die beiden Wahlformen der Kompromisswahl und der Inspirationswahl ab, welche ohnehin seit Jahrhunderten nicht mehr angewandt wurden.[63] In seinem Vorwort der Konstitution schrieb er: „Schließlich hielt ich es für meine Pflicht, auch die eigentliche Form der Wahl zu revidieren unter Berücksichtigung der gegenwärtigen kirchlichen Anforderungen und der Werte-vorstellungen der modernen Kultur."[64] Damit bleibt als einzige Wahlform die **Skrutinalwahl**, die Abstimmung, welche mittels Stimmzettel schriftlich und geheim abläuft. Er fügte, wie seine Vorgänger, an, dass ein Kandidat als gewählt gilt, wenn er Zweidrittel der Stimmen aller anwesenden Wähler auf sich vereinigen kann (UDG, Nr.62). Nach Alberto Melloni scheint die Skrutinalwahl, ein demokratisches System der geheimen Wahl, dem Papst für zeitgemäßer und geeigneter für die aktuellen, kirchlichen Bedürfnisse.[65]

---

[62] Der *Kardinal-Carmelengo*, Kardinalkämmerer der Heiligen Römischen Kirche ist ein hohes Amt in der römisch-katholischen Kirche. Der Amtsträger ist immer ein Kardinal und dieser verwaltet die Besitztümer und Einkünfte des Heiligen Stuhl. Während der Sedisvakanz ist er für die Organisation des Konklaves und die Verwaltungen im Vatikan verantwortlich. Vgl. *Schimmelpfennig, Bernhard,* Der Verlauf der Papstwahl, in: *Schneider, Reinhard/Zimmermann, Harald* (Hg.), Wahlen und Wählen im Mittelalter, Sigmaringen 1990, S. 183-188.

[63] Vgl. *Melloni, Alberto*, Das Konklave, S. 134.

[64] *Johannes Paul II.,* Einleitung der Konstitution *„Universi Dominici gregis"*; Vgl. *Wolf, Hubert*, Konklave, S. 106f.

[65] Vgl. *Melloni, Alberto,* Das Konklave, S. 134.

Die Gründe für die Abschaffung der beiden genannten Wahlformen nannte Johannes Paul II. wie folgt.[66] Das Wahlverfahren *per inspirationem* ist ungeeignet, da die Gedanken des Kardinalskollegiums durch deren Herkunft zu verschieden sind, um wiedergegeben zu werden und einen würdigen Kandidaten zu wählen. Die Kompromisswahl war geprägt von zu vielen, zu schwer anwendbaren, Normen. Die persönliche Verantwortung des Wählenden würde zu sehr umgangen. Wobei die Geschichte der Papstwahlen eher zeigt, dass die Kompromisswahl oftmals einziger Ausweg aus langen Wahlhandlungen war.

Johannes Paul II. beschränkte die Verfahren für die Wahl seiner Nachfolger also auf das Skrutinium, die Abstimmungswahl (UDG, Nr. 62). „Diese Form bietet tatsächlich die größten Garantien für Klarheit, Geradlinigkeit, Einfachheit, Durchschaubarkeit und vor allem für eine effektive und konstruktive Teilnahme aller einzelnen Kardinäle, die gerufen sind, die Wahlversammlung des Nachfolgers Petri zu bilden."[67]

Neben der Abschaffung der beiden genannten Wahlmodi, regelte der Papst darauffolgend den genauen **Ablauf der Wahl** mittels des Skrutiniums (UDG, Nr. 63ff.). Wenn die Kardinäle in feierlicher Prozession in die Sixtinische Kapelle eingezogen sind, alle Vorbereitungen und Eide vollzogen und alle Nichtwähler die Kapelle verlassen haben, können die Türen verschlossen werden und der Wahlakt kann beginnen.[68] Der Wahlvorgang der Abstimmung gliedert sich in drei Phasen. Die erste Phase, als Vorstufe der Abstimmung, dient der Vorbereitung und der Ausgabe der Stimmzettel, außerdem werden drei Wahlhelfer aus den wahlberechtigten Kardinälen ausgelost, weiter drei Beauftragte, die die Stimmen der Kranken einsammeln und drei Wahlprüfer (UDG, Nr.64). Man muss beachten, dass jeder seinen Stimmzettel geheim und in verstellter Schrift ausfüllt und ausschließlich die wahlberechtigten Kardinäle in der Sixtinischen

---

[66] Vgl. hier und im Folgenden *Melloni, Alberto*, Das Konklave, S. 135.

[67] *Johannes Paul II.*, Einleitung der Konstitution *„Universi Dominici gregis"*; Vgl. *Wolf, Hubert*, Konklave, S. 107.

[68] Vgl. *Wolf, Hubert*, Konklave, S. 108.

Kapelle anwesend sind (UDG, Nr.65). In der Zweiten Phase findet mit der Abgabe der Stimmzettel der eigentliche Wahlgang statt (UDG, Nr.66ff.). Die Abgabe erfolgt unter dem Sprechen des Eides, welcher bereits in der Konklavereform von Gregor XV. festgeschrieben wurde: *„Ich rufe Christus, der mein Retter sein wird, zum Zeugen an, daß ich den gewählt habe, von dem ich glaube, daß er nach Gottes Willen gewählt werden sollte."*[69] Nachdem alle Stimmzettel in die Wahlurne gegeben wurden, werden diese sorgfältig und rechtmäßig ausgezählt. Die gewählten Kandidaten werden laut verlesen und in eine vorgesehene Liste getragen. In der dritten und letzten Phase findet der Wahlabschluss statt (UDG, Nr.70ff.). Es werden die Stimmen ausgewertet, kontrolliert und schließlich werden die Stimmzettel verbrannt. Die Verbrennung der Stimmzettel und jede Art von Notizen soll der absoluten Geheimhaltung der Wahl dienen (UDG, Nr. 71).

Summiert kein Kandidat Zweidrittel der Stimmen auf sich, beginnt ein neuer Wahlgang. Pro Tag sollen vier Wahlgänge stattfinden. Johannes Paul II. legte in neuer Form fest, sollte es am Abend des elften Wahltages, nach vierunddreißig Wahlgängen, zu keiner Einigung von Zweidritteln der Stimmen auf einen Kandidaten kommen, dass die Kardinäle die Möglichkeit haben, mit absoluter Mehrheit über das weiter Vorgehen zu beschließen.[70] Dennoch ist für eine gültige Wahl mindestens die absolute Mehrheit der Stimmen nötig (UDG, Nr. 75). Mit dieser Festlegung von Johannes Paul II. ist die unabdingbare Zweidrittelmehrheit aus dem Dekret von 1179 von Papst Alexander III. aufgehoben.

Diese neue Regelung von Papst Johannes Paul II. kann auch das Wahlverhalten der vorhergehenden Wahlgänge beeinflussen.[71] Wenn beispielsweise ein Kandidat die absolute Mehrheit erreicht hat, aber nicht in der Lage ist die

---

[69] *Johannes Paul II., Universi Dominici gregis*, Nr. 66.
[70] Vgl. *Wolf, Hubert*, Konklave, S. 109.
[71] Vgl. hier und im Folgenden *Wolf, Hubert*, Konklave, S. 111f.

Stimmen einer Zweidrittelmehrheit zu erhalten, so können dessen Wähler bis zum vierunddreißigsten Wahlgang abwarten, um diesen dann mit absoluter Mehrheit gültig als Papst zu wählen. Die unabdingbare Zweidrittel-mehrheit zwang die Wähler auch nach Kompromissen und anderen Kandidaten zu schauen, dies ist nun nicht mehr notwendig. Außerdem reicht bereits die absolute Mehrheit der Kardinäle zur Entscheidung über das weitere Wahlverfahren, bei Papst Paul VI. mussten die Kardinäle noch in Einstimmigkeit darüber entscheiden, ob eine absolute Mehrheit zur Wahl eines Papstes gültig sei, ein entscheidender Unterschied. Diese Änderungen von Johannes Paul II. fanden vielfach Kritik. Deshalb nahm Benedikt XVI. 2007 eine Änderung dieser Regelung vor. Er setzte fest, dass ab dem fünfunddreißigsten Wahlgang Stichwahlen zwischen den beiden Kandidaten mit den meisten Stimmen stattfinden sollen, diese verlieren jedoch dadurch ihr aktives Wahlrecht.[72] Derjenige, der die „maioritas qualificata“[73], die qualifizierte Mehrheit, also Zweidrittel der Stimmen, erhält, ist der neue Papst.

Wenn nun der reguläre Fall eintritt und ein Kandidat nach alt bewährtem Verfahren mindestens Zweidrittel der Wählerstimmen durch die geheime und schriftliche Abstimmung auf sich vereinigen kann, so ist dieser als neuer Papst gewählt. Mit der Annahme der Wahl ist der Gewählte unmittelbar Bischof von Rom und Papst, er hat sogleich die volle Autorität und höchste Gewalt über die universale Kirche (UDG, Nr. 88). Der Papst ist „Träger des obersten Hirtenamtes“ und „das Prinzip und das Fundament der Glaubenseinheit und der Gemeinschaft“.[74]

---

[72] Vgl. *Breitsching, Konrad*, Die Papstwahl, S. 397; vgl. *Mückl, Stefan*, Eligo in Summum Pontificem, S. 416.
[73] *Wolf, Hubert*, Konklave, S. 112.
[74] *Schwendenwein, Hugo*, Der Papst, S. 331.

4.3. Die heutige Praxis der Papstwahl

„Die geheimste aller geheimsten Wahlen soll ein Geheimnis bleiben.“[75]

Nur hinter verschlossenen Türen ist die Papstwahl für aller Welt bedeutungsvoll und das was sie heute ist, eine Inszenierung eines großen und einmaligen Geheimnisses.

Die Stimmzettel aller Wahldurchgänge und alle Aufzeichnungen der Kardinäle werden im Kanonenofen der Sixtinischen Kapelle verbrannt. Durch das Verbrennen sollen keine schriftlichen Aufzeichnungen die Geheimhaltung gefährden und gleichzeitig werden dadurch „Rauchzeichen“[76] nach außen gegeben, sodass die Welt sehen kann, wie ein Wahlgang ausgegangen ist und ob es eine Einigung der Kardinäle und damit einen neuen Papst gibt.

Die letzte Wahl eines Oberhauptes der katholischen Kirche fand 2013 statt. Nach dem Rücktritt von Papst Benedikt XVI. wurde der argentinische Kardinal Jorigio Bergolio zum Papst gewählt. Die Ereignisse der Wahl, Entwicklungen des Wahlvorgangs, Stimmen, Intentionen von Kardinälen etc. bleiben, wie bei jeder vergangenen Wahl, reine Spekulation. Die Papstwahl weckt nach Hubert Wolf gerade darin das Interesse, dass sie eine so strikte Geheimhaltung mit sich bringt. Das Konklave entzieht sich jeglicher Transparenz für die Medien und die Welt. Die Aufmerksamkeit der Medien und der Öffentlichkeit wird auf das Verborgene gelenkt.[77] Günther Wassilowsky nennt es eine „Inszenierung des Geheimen“.[78]

Durch die heutigen Medien und Mitteilungsmittel wäre es ein Leichtes die Wahl des Papstes genau zu dokumentieren und öffentlich zu machen, aber gerade dies

---

[75] *Wolf, Hubert*, Konklave, S. 11.
[76] Ebd.
[77] Vgl. ebd., S. 12.
[78] *Wassilowsky, Günther*, Konklavereform, S. 254.

geschieht nicht. Das Besondere und Interesseweckende der Papstwahl ist gerade die Spannung zwischen geheim und öffentlich.

Im Moment der Wahlannahme, wenn der Gewählte seine Wahl annimmt, ist er der Papst mit vollständiger Autorität (UDG Nr. 88). *„Electio facit Papam"*[79] – es ist die Wahl, der Akt der Wahl und die Annahme durch den Gewählten, welche den Papst zum Papst macht. Nach der Wahlannahme wird die Welt über das Ergebnis, durch Rauchzeichen, in Kenntnis gesetzt, dieses Mal steigt weißer Rauch auf und langsam beginnt der weitere Ablauf ins Öffentliche zu rücken. Es läuft nun alles auf den entscheidenden Moment hin, wenn auf der Loggia des Petersdomes die Worte *„Habemus Papam"* – Wir haben einen Papst – verkündet werden und der wartenden Menschenmenge der neu gewählte Papst, mit Geburtsnamen und gewähltem Namen, genannt werden.[80] Es ist die Aufgabe des ranghöchsten Kardinaldiakons den Namen der wartenden Menge zu verkünden.[81] Der Kardinaldiakon ist es der die Botschaft der Papstwahl und des Auftrittes des neuen Papstes überbringt: *„Annuntio vobis gaudium magnum"* („Ich verkünde euch eine große Freude")[82]. Der Papst wird mit den Worten aus dem Lukasevangelium, der Verkündung der Geburt Jesu, angekündigt. Dies hat eine theologische Bedeutung. Mit der Wahl des neuen Papstes ist der Welt ein neuer Christus geschenkt, der Papst ist der neue Christus.[83] Dies wird auch an seinem wichtigsten Titel *„Vicarius Christi"* (Stellvertreter Jesu Christi) deutlich.[84] Nach diesen Ankündigungen kommt für die wartenden Menschen der entscheidende Moment, in dem der neu gewählte Papst, das neue Oberhaupt der katholischen Kirche, auf die Loggia tritt und in seinem ersten öffentlichen Akt den Segen *„Urbi et Orbi"* spendet.[85]

---

[79] *Wolf, Hubert*, Konklave, S. 13.
[80] Vgl. *Wolf, Hubert*, Konklave, S. 13.
[81] Vgl. *Leisching, Peter*, Die Kardinäle, S. 363.
[82] *Wolf, Hubert*, Konklave, S. 14.
[83] Vgl. hier und im Folgenden *Wolf, Hubert*, Konklave, S. 14f.
[84] Vgl. *Carlen, Louis,* Zeremoniell und Symbolik der Päpste im 15. Jh., S. 17; vgl. *Wolf, Hubert*, Konklave, S. 15.
[85] Vgl. *Schwendenwein, Hugo*, Der Papst, S. 344.

5. Schlussbemerkung

Der Papst ist der Identitäts- und Einheitspunkt der katholischen Kirche und besitzt die höchste Autorität, denn er ist der Stellvertreter Christi in der Welt.[86] Das Amt des Papstes hat durch die erstmalige Einsetzung von Petrus durch Jesus Christus, seinen Ursprung zu Beginn des Christentums und der Kirchengeschichte. Das Papsttum, ein Amt, ewig lebend und bleibend, dessen Ewigkeitswert durch scheinbare Unveränderlichkeit von Verfahren und Symbolen der Papstwahl und der Amtseinsetzung des *Vicarius Christi* zum Ausdruck kommen soll. Die Rituale der Wahl vermitteln den Eindruck von Ewigkeit, sodass die Zuschauer an ein zwei Jahr-tausende altes Ritual glauben.[87] Die Wahl und Amtseinführung finden so in der ganzen Welt großes Interesse.

Dieser augenscheinlich vermittelte Charakter und Wert von Ewigkeit der Papstwahl und der Amtseinsetzung des Papstes entsprechen jedoch nicht der Praxis. Die hier in der Hausarbeit aufgeführten Entwicklungen zeigen, dass gerade dieser Ewigkeitscharakter nicht der Fall ist. Im Laufe der Geschichte haben Päpste durch eigene Erfahrungen, während ihrer Wahlen, in Dekreten und Konstitutionen, immer wieder die Wahlordnung und die Wahlrechte aus-gearbeitet und präzisiert. Die Traditionen der Papstwahl wurden immer wieder Neuerungen unterzogen. Somit hat sich durch die Jahrhunderte hindurch eine Wahlordnung, mit fest-definierten und genauestens zu beachtenden Verfahren und Ritualen entwickelt und gebildet. Es wurden Normen und Elemente hervorgebracht, die wesensmäßig zur Papstwahl gehören. Dazu gehört, dass der Papst in einem Konklave gewählt wird. Das einzig souveräne Wahlorgan ist das Kardinalskollegium, römisch und universal, welches einen Kandidaten aus ihrem Kreis, einen Kardinal, wählt. Der Wahlort ist Rom, der Vatikan, die Sixtinische

[86] Vgl. *Wolf, Hubert*, Konklave, S. 195.
[87] Vgl. ebd., S. 15.

Kapelle, die Loggia des Petersdoms, das Petrusgrab. Die einzige Änderung ist die Person des Papstes.

So weiß man eigentlich genauestens über die Wahl des Papstes, über den Wahlablauf und die Zeremonien, bescheid. Und dennoch ist die Wahl des Oberhauptes der Katholischen Kirche, wie es hier in der Hausarbeit versucht wurde zu verdeutlichen, ein Akt hinter verschlossenen Türen.

Abschließend lässt sich aus meiner Sicht sagen, dass die zahlreichen Entwicklungen, Veränderungen und Dekrete, durch die Päpste zu einer Verbesserung einer legitimen Papstwahl geführt haben. Es ist gut, dass dadurch heute eine funktionierende und strukturierte Ordnung gegeben ist, sodass Zerwürfnisse in der Kirche verhindert werden. Dank dieser Entwicklungen haben wir heute eine Papstwahl, die zu keiner Doppelwahl führt, die geheim ist und durch ein festes Verfahren geordnet und gesichert ist. Auch dass es ein festes Wahlorgan, das Kardinalskollegium, gibt ist sehr positiv aufzufassen. Es würde aus meiner Sicht durch eine Mitbestimmung des Staates, oder des Volkes nur zu einem Durcheinander, zu Uneinigkeiten und zu Zerwürfnissen zwischen den einzelnen Instanzen kommen.

Ich kann mich der Einstellung von Papst Johannes Paul II. nur anschließen, dass die Regelungen immer wieder gewisse Neuerungen und Verbesserungen bedürfen, welche die Gegenwart erfordert, damit die Papstwahl in rechter und geregelter Weise und mit höchster Genauigkeit ablaufen kann.

Quellenverzeichnis:

Benedikt XVI., Motu proprio *De aliquibus mutationisbus in normis de electione Romani Pontificis*, in: Osservatore Romano, 11. Juni 2007.

Benedikt XVI., Motu proprio *Normas nonnullas*, über einige Änderungen der Normen bezüglich der Wahl des Römischen Papstes vom 22. Februar 2013, in: Acta Apostolicae Sedis 105 (2013), S. 253 – 257.

Detlev Jasper, Das Papstwahldekret von 1059. Überlieferung und Textgestalt (= Beiträge zur Geschichte und Quellenkunde des Mittelalters Bd. 12), Sigmaringen 1986, S. 98 – 119.

Ebers, Godehard Josef, Der Papst und die Römische Kurie. I. Wahl, Ordination und Krönung des Papstes (= Quellensammlung zur kirchlichen Rechtsgeschichte und zum Kirchenrecht Bd. 3), Paderborn 1916.

Johannes Paul II., Constitutio Apostolica „Universi Dominici gregis" de Sede Apostolica Vacante deque Romani Pontificis electione, in: Sede Apostolica Vacante. Eventi e celebrazioni, Aprile 2005, hg. vom Ufficio delle Celebrazioni liturgiche del Sommo Pontefice, Vatikanstadt 2007, S. 518 – 573; auch in: Acta Apostolicae Sedis 88 (1996), S. 305–343.

Johannes Paul II., Apostolische Konstitution „Universi Dominici gregis", in: http://w2.vatican. va/content/john-paulii/de/apost_constitutions/documents/hf_jpii_apc_22021996_universi-dominici-gregis.html, letzter Zugriff am 10.03.2019.

Obermann, Heiko A./Ritter, Adolf Martin/Krumweide, Hans-Walter (Hg.), Kirchen- und Theologiegeschichte in Quellen, Bd. 2. Mittelalter. Ausgewählt und kommentiert von *Mokrosch, Reinhold/Walz, Herbert*, Neukirchen-Vluyn ³1989, S. 59f.

Wohlmuth, Josef (Hg.), Dekrete der ökumenischen Konzilien, Bd. 2. Konzilien des Mittelalters, Paderborn u.a. 2000.

Literaturverzeichnis:

Breitsching, Konrad, Die Papstwahl. Etappen der kirchlichen Gesetzgebung, in: *Güthoff, Elmar/Haering, Stephan* (Hg.), Ius quia iustum (FS Helmuth Pree), Berlin 2015, S. 381 – 398.

Carlen, Louis, Zeremoniell und Symbolik der Päpste im 15. Jahrhundert, Basel 1991.

Fuhrmann, Horst, Von Petrus zu Johannes Paul II. Das Papsttum: Gestalt und Gestalten, München 1980.

Herde, Peter, Die Entwicklung der Papstwahl im dreizehnten Jahrhundert. Praxis und kanonistische Grundlagen, in: Österreichisches Archiv für Kirchenrecht 32 (1981), S. 11 – 41.

Landersdorfer, Anton, Die Bestellung der Bischöfe in der Geschichte der katholischen Kirche, in: Münchener Theologische Zeitschrift 41 (1990), S. 271 – 290.

Leisching, Peter, Die Kardinäle. Mitwirkung an der Kirchenregierung, in: *Listl, Josef/Schmitz, Heribert* (Hg.), Handbuch des katholischen Kirchenrechts, Regensburg ^{2}1999, S. 359 – 363.

Melloni, Alberto, Das Konklave. Die Papstwahl in Geschichte und Gegenwart, Freiburg 2002.

Mückl, Stefan, Eligo in Summum Pontificem. Kontinuität im Wandel: Das recht der Papstwahl speziell im 20. und 21. Jahrhundert, in: *Güthoff, Elmar/Haering, Stephan* (Hg.), Ius quia iustum (FS Helmuth Pree), Berlin 2015, S. 399 – 417.

Schludi, Ulrich, Die Entstehung des Kardinalkollegiums. Funktion, Selbstverständnis, Entwicklungsstufen (= Mittelalter-Forschungen 45), Ostfildern 2014.

Schimmelpfennig, Bernhard, Der Verlauf der Papstwahl, in: *Schneider, Reinhard/ Zimmermann, Harald* (Hg.), Wahlen und Wählen im Mittelalter, Sigmaringen 1990, S. 183 – 188.

Schwendenwein, Hugo, Der Papst. Die Papstwahl, in: *Listl, Josef/Schmitz, Heribert* (Hg.), Handbuch des katholischen Kirchenrechts, Regensburg [2]1999, S. 331 – 346.

Wassilowsky, Günther, Die Konklavereform von Gregors XV. (1621/22). Wertekonflikte, symbolische Inszenierung und Verfahrenswandel im posttridentinischen Papsttum (Päpste und Papsttum Bd. 38), Stuttgart 2010.

Wolf, Hubert, Konklave. Die Geheimnisse der Papstwahl, München 2017.

Printed by Books on Demand GmbH, Norderstedt / Germany